UN TARIF DE FRAIS JUDICIAIRES

A BÉTHUNE

AU COMMENCEMENT DU XVIe SIÈCLE

PAR LE Cte A. DE LOISNE

D^r EN DROIT

Membre H^{re} de la Société des Antiquaires de la Morinie.

SAINT-OMER

IMPRIMERIE ET LITHOGRAPHIE H. D'HOMONT

RUE DES CLOUTERIES, 14.

1895

UN TARIF DE FRAIS JUDICIAIRES

A BÉTHUNE

AU COMMENCEMENT DU XVIᵉ SIÈCLE

PAR LE Cᵗᵉ A. DE LOISNE

Dʳ EN DROIT

Membre Hʳᵉ de la Société des Antiquaires de la Morinie.

SAINT-OMER

IMPRIMERIE ET LITHOGRAPHIE H. D'HOMONT

RUE DES CLOUTERIES, 14.

1895

UN TARIF DE FRAIS JUDICIAIRES

A BÉTHUNE

AU COMMENCEMENT DU XVIᵉ SIÈCLE [*]

De tout temps les plaideurs se sont plaints des lenteurs de la justice et des frais multiples qui trop souvent absorbent l'objet du litige. Chacun a présent à l'esprit la fable de l'huître et des plaideurs. De nos jours encore la réforme du Code de procédure est sans cesse réclamée, et, si l'opinion publique n'a pas encore obtenu satisfaction sur ce point, tôt ou tard cette réforme s'imposera à nos assemblées législatives.

A ce titre il nous a paru intéressant de jeter un regard rétrospectif sur ce que coûtait la justice, vers 1525, dans une de nos principales villes d'Artois. Le tarif que nous publions, en l'accompagnant de nombreuses notes explicatives, se trouve en tête du gros registre aux privilèges de la ville de Béthune, coté AA.5. Il occupe les quatre premiers feuillets de papier de ce registre, et, s'il est d'une écriture fort peu commode à lire, si quelques mots même sont indéchiffrables, nous y trouvons des renseignements précieux sur ce

* Extrait de la 174ᵉ livraison du *Bulletin historique* de la Société des Antiquaires de la Morinie.

que coûtait la justice à une époque intéressante de notre histoire. On verra que si celle-ci était loin d'être *gratuite,* elle était moins cher qu'aujourd'hui [1], et que c'est à juste titre que les Béthunois tenaient à leur juridiction échevinale comme à un de leurs privilèges les plus précieux.

Sallaires ordinaires et devbs a Messeigneurs les Lieutenant, procureur du Roy, eschevins, greffier, prevost des clains et sergeans de la ville de Béthune, selon qu'il s'enssuit.

Primes au prevost des clains [2].

Pour chacun adjournement qu'il faict en la ville pour les plais de l'auditoire	III d·
Pour ceuls des faubourgs.	VI d·
Pour chacun arrest fait en la ville. . . .	XII d·
Pour ceulx faicts es faubourgs.	II s·

[1] Pour que l'on puisse facilement s'en rendre compte nous avons, pour chaque partie du tarif, converti les honoraires en leur valeur relative actuelle.

[2] On appelait *clain,* du latin *clamor,* l'acte introductif d'instance ; c'était notre *exploit d'ajournement.* Le prévôt des clains était une sorte d'huissier qui jouissait de sa charge en vertu d'un bail. En 1318 cette charge était affermée par le bailli au prix de 35 livres : « De le prevoté des clains de Biéthune donné a chense par Mons. Wautiers a Jaquemon Curemer III ans pour xxxv lb. l'an. » (Cptes de la baillie de Béthune, *Bib. nat. Ms. fr. 11621.*)

Voici, en monnaie actuelle, les honoraires du prévôt des clains. On a calculé qu'en 1517 le denier valait 0 fr. 0215, valeur intrinsèque et environ 0 fr. 09 en valeur relative. Le sou valait 0 fr. 2589, soit 1 fr. 035 en valeur relative :

Ajournement dans la ville	0 f. 27
id. dans les faubourgs	0 54
Arrestation en ville.	1 08
id. dans les faubourgs	2 07

Aux *sergeans* qui feront lesdits arrets
pour l'absence dudict prevost, soit en la
dite ville ou faulxbourgs, outre les sallaires
dudit prevost . . . .   XII [d].

Pour l'exécution que fera le dict prevost
de touttes sentences. . . . .   v [s].

Pour les voyages en desoubs une lieue .   v [s].

Pour deux lieues . . . .   x [s].

Pour demy jour qu'il vasquera oultre les
dictes deux lieues. . . . .   XVI [s].

Pour chacune journée. . . . .   XXII [s].

Pour mener les dits arrestes en prison
par ordonnance des dits eschevins, comprins
son assistent, oultre les droits de son arrest.   II [s].

Sallaires des Sergans[1].

Pour chacun adjournement qu'ils feront
en la ville et banlieut, en vertu de com-

Exécution de la sentence des échevins	5	17
Pour déplacement en dessous d'une lieue	5	17
id. de deux lieues.	10	35
Pour un demi jour de déplacement en plus	16	53
Pour chaque journée de déplacement.	22	70
Pour conduire les prévenus à la prison	2	07

[1] Les sergents étaient des officiers judiciaires chargés de
lever les amendes et d'emprisonner les malfaiteurs. Béthune
avait deux sergents ; leurs *exploits* étaient valables dans la ville
et dans un rayon de quatre lieues. Voici le serment qu'ils prê-
taient : « *Nous comme sergens jures a warder les droits de Dieu et
del eglise, les droits de monseigneur, vefves femmes, orphelins ; les
chartres, previlleges us et coustumes de la ville de Bethune tenir et
warder sans enffraindre, et faire boines juistes prinses et loiaulx et
icelles prinses admenes par devant les eschevins et les calengier selon
les cas raisonnables et icelles traitier par devant les dits eschevins et
par leur jugement.* » (Arch. municip. de Béthune, *petit registre
aux privilèges.*)

Voici, en résumé, les honoraires auxquels les sergents

mission . . . .   IIII.ˢ·   VIᵈ·

Pour chacune exécution sur commission
et sentence . . . .   Vˢ·

Pour chacune exécution sur sentence par
mandement donné des dits eschevins en
dessoubs dix livres et par dessus . . . . .   Vˢ·

Pour chacune sommation, signification
ou information . . . .   XIIᵈ·

Pour chacun adjournement de tesmoings
comprins cestuy departi pour les voois jutes   Vˢ·

Et s'il y a plusieurs tesmoings demeurans
en la ville et divers faulxbourgs, de chascun tesmoing, compris son rescript . . . .   XIIᵈ·

Pour chacune journée qu'ils vasqueront
estans à deux à faire vendition de biens
meubles . . . .   Xˢ·

Pour chacun voiaige qu'ils feront en desoubs une lieue . . . .   Vˢ·

Pour deux lieues . . . .   Xˢ·

avaient droit dans l'accomplissement de leurs doubles fonctions d'huissiers et d'agents de police judiciaire :

Pour arrestation faite en l'absence du prévôt des
clains . . . . 1 f. 10

Pour un exploit d'ajournement 4 70

Citation de témoins 5 17

Sommation, signification de sentence 1 10

Exécution de la sentence 5 17

Par jour de vacation à une vente mobilière 10 35

Pour déplacement de moins d'une lieue. 5 17

    id.   de deux lieues. 10 35

    id.   d'un demi jour 16 55

    id.   d'un jour 33 10

Pour chaque prise de corps ou arrestation 5 17

Pour conduire les prévenus devant l'échevinage et
les reconduire en prison 5 17

Pour garde d'une saisie mobilière, par jour. . . . 5 17

Pour demy jour. . . . .   XVI[s]

Pour chacune journée. . . . .   XXXII[s]

Pour mener les prisonniers en halle [1] et
les ramener en prison. . . . .   V[s]

Pour chascune journée que les dits sergeans vasqueront a garder les biens meu-
bles des fugitifs ou insolvent [2], a chascun .   V[s]

Pour les Plaids de l'auditoire.

Au serviteur des dits eschevins [3] pour son
sallaire de mander ung bourgeois ou habi-
tant soit de la ville ou faulxbourgs par devant les dits eschevins . . . .   VI[s]

Au greffier pour enregistrer le dit mandement . . . .   XII[d]

Aux procureurs du dit auditoire pour

[1] C'était à la *halle* devenue plus tard l'hôtel de ville, que les
échevins tenaient leurs *plaids* ou leurs audiences.

[2] Insolvables.

[3] On sait que les échevins avaient la *haute* et la *basse* justice
dans la ville et dans la banlieue de Béthune. Ils connaissaient
de toute espèce de *clain* et statuaient sur toutes les actions personnelles, mobiliéres et réelles. Un placard de Charles-Quint
de 1549, porte : « Les échevins de Béthune ont corégion et
gouvernement, ensemble l'administration de la justice d'icelle
ville et la connaissance et jurisdiction de toutes actions et ma-
tiéres réelles, personnelles, criminelles et civiles, traitables
devant eux, selon la concession des priviléges d'icelle ville,
tant entre leurs bourgeois et leurs manants que autres parties
litigentes. » Une sentence du 13 Février 1555 du Conseil d'Artois, confirmée par lettres du Roi d'Espagne du 3 Mars 1564
ordonna aux officiers de la Gouvernance de laisser le Magistrat
de Béthune jouir de ses priviléges, notamment de celui de
connaître en premier instance, à la conjure du gouverneur
ou de son lieutenant et du prévôt des clains, des délits crimi-
nels et actions civiles de tous les bourgeois. (Archives municip.
de Béthune, *Registre aux priviléges,* f°s 220, 223, 303 et 305.)

chascune journée qu'ils plaideront. . . . . VI d.

Aux eschevins pour chascun serment qu'ils recepvront au dict auditoire par mandement . . . . VI d.

Au dict greffier pour les lettres de conclusion faicte au dict petit auditoire non excédent x livres . . . . XII d.

A luy pour celles dudit mandement aussy XII d.

A luy pour chascune cause nommé au dit auditoire . . . . VI d.

A luy pour enregistrer les arrets et les caucions pour avoir main levée de leurs corps et assignation de jour. . . . . XII d.

A luy pour le registre des causes du dict arrest ou empeschement au jour suyvant . VI d.

A luy pour chascun extraict qu'il fera pour wider les procets et différens. . . . . XII d.

A luy pour oyr et mettre par escript les deppositions des tesmoings oys en enqueste, de chascune personne . . . . VI d.

Aus dits eschevins pour estre présents et nommer les dites deppositions de chascune personne, aussy. . . . . VI d.

Au dit greffier pour oir d'office serment, sentence interlocutoire . . . . VI d. [1]

[1] D'après ce tarif les frais pour un procès au petit auditoire se décomposeraient ainsi en monnaie actuelle :

Au sergent : Pour son assignation.		6 f.	20
Au greffier : Pour enregistrement de l'assignation .		1	08
id.	des conclusions .		1	08
id.	des cautions . . .		1	08
id.	de chaque cause .		0	54
id.	des causes de la prise de corps.		0	54
id.	d'un extrait . . .		1	08
id.	de chaque déposition		0	54

Aus dits eschevins pour estre présents .   VI d.
Au dit greffier pour chascune déclaration
de deppens . . . .   VI d.
Aus dits eschevins pour avoir taxé les
dits despens . . . .   VI d.
Au dit greffier pour les lettres de sentence
et de taxe des despens. . . , ...   XII d.
Aus dits eschevins pour chascun sceau [1]
qu'ils apposeront ausd. lettres, a chacun
VI d., qui font . . . .   XII d.

Pour les plais de l'eschevinage [2].

Au greffier pour chascune présentation .   XII d.
Pour chascun acte . . . .   XII d.

Déclaration des dépens 0 60
Sentence et taxe des dépens 1 08
Aux échevins : Réception d'un serment 0 54
id.   d'un témoignage 0 54
Sentence interlocutoire. 0 54
Taxe des dépens. 0 54
Sceau 1 08
Chaque plaidoirie du *procureur* seulement 0 54

On voit qu'il n'est pas exact de dire, comme l'avance M. le
chanoine Cornet (*Hist. de Béth.*, t. II, p. 93), que les échevins
rendaient la justice gratuitement. Non seulement ils avaient
droit à des honoraires en matière civile ; mais, en matière
correctionnelle, ils percevaient, à leur profit, une partie de
l'amende qu'ils prononçaient, généralement 5 sous. (V. notre
*Notice sur la loi de coutume de la ville de Béthune du 2 Mai 1334.
— Bulletin,* t. IX, p. 66 et suiv.)

[1] Il s'agit du petit sceau ou *scel aux causes* décrit par Demay,
Sceaux d'Artois, n° 1032.

[2] Il y a lieu de rappeler qu'il y avait à Béthune trois juri-
dictions : celle du seigneur, celle des échevins et celle de la
collégiale ; gouvernance, échevinage, justice temporelle du
chapitre. L'échevinage et la justice du chapitre ressortissaient

Pour chascune journée d'enqueste. . . .	V^{s.}
Aus dits eschevins pour chascune journée que [ils jugent] en commun	X^{s.}
Aus dits eschevins pour chascune journée de collation aussy en commun	X^{s.}
Au dit greffier pour pareille cause. . . .	V^{s.}
Au dit greffier pour chascun rolle de coppie de procès-verbal	XII^{d.}
Pour aussy chascun rolle des noms et sur-noms des tesmoings oys en enqueste . . .	XII^{d.}
Pour le gros des dites enqueste de chas-cun rolle	II^{s.}
A luy pour chascune sentence interlocu-toire et deffinitive.	V^{s.}
A luy pour chascune journée d'informa-tion, interrogation, recollement et confron-tations	V^{s.}
Au dit greffier pour chacun rolle de cop-pie des dits despens de procez faict	XII^{d.}
A luy pour la présentation de la cause. .	XII^{d.}
Au dit procureur pour sa conclusion. . .	IIII^{s.}
Au dit greffier pour la sentence :	V^{s.}
A luy pour . . . . et perte des procès à la . . . . par appel.	V^{s.}

Au dit sieur lieutenant [1] pour chascun
sceau [2] qu'il apposera aus dites sentences,

à la gouvernance, et celle-ci, à son tour, en appel, à la gouvernance d'Arras, et en dernier ressort au conseil d'Artois.

[1] Il s'agit du lieutenant du gouverneur, qui, on le sait, rem-
plaçait celui-ci dans les fonctions judiciaires dont il avait hé-
rité des anciens baillis. Les échevins jugeaient à sa *conjure* et
leurs sentences étaient authentiquées de son sceau en même
temps que du scel aux causes. Les « *lettres d'arrêt* » portaient
seulement ce dernier sceau.

[2] C'est le sceau du baillliage de Béthune, décrit par Demay,
Sceaux d'Artois, n°s 1368 et 1369.

tant interlocutoires [que] deffinitives es ma-
tieres criminelles et civilles saulf en ma-
tiere d'arrest . . . .   v ˢ·

Aus dits eschevins pour aussy chascun
sceau qu'il apposeront a toutes les lettres
de sentence et d'arrests . . . .   v ˢ· ¹

*Sallaires des Procureurs aux grands plais de l'eschevi-
nage.*

Pour chascune conclusion de la venue en
court et de despens . . . .   IIII ˢ·

¹ Soit :

Honoraires du *lieutenant :* Pour droit de scel   5   17
    id.   du *greffier du Roi :* Pour chaque jour d'in-
                   terrogatoire . . .   5   17
                   Pour ses conclusions .   4   14
    id.   des *échevins :* Pour chaque vacation d'un
                   jour   10   35
                   Pour chaque jour de pré-
                   sence aux plaids . . .   10   35
                   Droit de scel, pour chaque
                   sceau   5   17
    id.   du *greffier :* Appel de la cause   1   08
                   Pour chaque acte de procé-
                   dure   1   08
                   Pour chaque journée de pré-
                   sence à l'enquête . . .   5   17
                   Pour chaque journée de pré-
                   sence aux plaids. . . .   5   17
                   Copie du procès-verbal, par
                   rôle   1   08
                   Grosse de l'enquête. . . .   2   70
                   Sentence.   5   17
                   Pour chaque journée d'assis-
                   tance à l'interrogatoire.   5   17
                   Rôle des dépens   1   20

Pour chascune journée de plais . . . . . ɪɪ ˢ·

Pour chascune journée extraordinaire. . ɪɪɪɪ ˢ·

Pour chascun rolle de mesmoire escript
en bonnes lettre et ayans les lignes conte-
nues es ordonnances . . . . ɪɪɪ ˢ·

Pour chascun rolle d'addition aussy. . . ɪɪɪ ˢ·

Pour chascun rolle de responses et . . . . .
par responses. . . . . ɪɪ ˢ·

Pour chascun rolle de reproise . . . . . ɪɪ ˢ·

Pour aussy chascun rolle de S. . . . aussy ɪɪ ˢ·

Pour chascun rolle et feuillet d'inventaire xvɪɪɪ ᵈ·

Pour chascun feullet et coppies des dites
escriptures ¹ . . . . xɪɪ ᵈ·

*Touchant les Sallaires du dit sᵗ lieutenant, procureur du
Roy, eschevins et greffier ², pour les appellations au
droit et prinses de corps.*

Au dit sieur lieutenant pour chascune
prinses de corps. . . . . v ˢ·

Aux sergans pour les assister, aussy . . v ˢ·

Aux dits sergans pour appeler au droit
les fugitif, pour la première tierchaine . . xɪɪ ᵈ·

¹ Honoraires des procureurs :

Pour chaque déposition de conclusions 4 14

Par journée d'assistance aux plaids. 2 07

Par journée d'assistance extraordinaire 4 14

Pour le mémoire, par rôle. 3 10

Réplique, par rôle 2 07

Autres reprises. 2 07

Inventaire, par rôle. 1 80

Pour les autres écritures, par feuillet. 1 08

² Le greffier, préposé à la garde des archives de la ville,
était chargé de la rédaction des délibérations, sentences ou
jugements des échevins, des lettres d'héritage et procurations,
de l'inscription des noms des bourgeois, des actes relatifs au
renouvellement de la *loi, etc.*

Au dit greffier pour enregistrer le deffault
requis par le dit procureur . . . . XII^{d·}

Au dit procureur du roy pour estre present . . II^s:

Aus dits eschevins presens et adjugé le
dit deffault en commun . . . . IIII^{s·}

Pour la seconde tierchaine aux dessus
dits, pareil salaire. . . . . VIII^{s·}

Pour la troisième, comme dessus . . . . VIII^{s·}

Pour la premier xvme aux dits sergans. . II^{s·}

Au dit greffier. . . . . II^{s·}

Au dit procureur du roy. . . . . IIII^{s·}

Aus dits eschevins . . . . VIII^{s·}

Pour la seconde quienzaine aus dits sus-
dits. . . . . XVI^{s·}

Pour la troisième et derniere, pareille
somme de. . . . . XVI^{s·}

Aud. procureur pour chascune journée
de recollement des tesmoins. . . . . V^{s·}

Aus dits eschevins présens en commun . X^{s·}

Aud. greffier pour rediger par escript . . V^{s·}

A luy pour la présentation de la cause. . XII^{d·}

Aud. procureur pour sa conclusion . . . IIII^{s·}

Aud. greffier pour la sentence . . . . . . V^{s·}

Aud. s^r lieutenant pour son scel . . . . . V^{s·}

Aus dits eschevins, aussy . . . . V^{s·1}

¹ Soit :

1° *Au lieutenant du gouverneur :*

Pour chaque arrestation. 5   17

Pour droit de scel. 5   17

2° *Au procureur du roi :*

Réquisition de défaut contre une partie 2   06

—   après trois jours de non comparution . 8   24

—   3me défaut. . . . . id.

Pour non comparution dans la 1re quinzaine. . . . 4   12

—   dans la 2me — 16   48

—   dans la 3me — . . . . . id.

Sallaires des Decrets et Distributions [1].

Au dit greffier pour les lettres du dit de-
cret. . . . .   LX [s.]

   A luy pour les lettres de demeure . . . .   V [s.]

   Pour les lettres de distribution . . . . .   V [s.]

   Aud. s' lieutenant pour chascun sceau. .   V [s.]

   Aus dits eschevins aussy . . . .   V [s.]

   Aus dits eschevins pour chascune journée
de distribution . . . .   X [s.]

   Aud. greffier . . . .   V [s.]

   Aud. s' lieutenant. . . . .   X [s.]

   Aud. procureur du roy . . . .   V [s.]

   Au dit greffier pour les droits de namp-
tissement de chascune. livre de gros. . . . .   XII [d.] [2]

Recollement des témoins 5 17

Conclusions 4 14

3° *Aux échevins :*

Pour défaut adjugé. 4 14

Pour défaut après 3 jours de non comparution . .   8 24

   —   après 6 jours 8 24

Défaut de la 1re quinzaine 8 24

   — de la 2me quinzaine 16 48

   — de la 3me quinzaine 16 48

Par journée d'audience 10 35

4° *Aux sergents :*

Pour chaque arrestation. 5 17

Pour citation dans les 3 jours 1 10

Pour 2e citation après la première quinzaine. . . .   2 06

[1] On appelait *décret* une expropriation sur saisie. Le décret
était suivi d'adjudication et les deniers en provenant étaient
distribués aux créanciers. Les lettres de décret étaient rendues
exécutoires par l'apposition du sceau de la gouvernance.

[2] Au *Lieutenant du gouverneur :*

Pour distribution après expropriation. 10 f.35

Pour droit de scel 5 17

Sallaires des dessaisines et saisines.[1]

Au dit s[r] lieutenant pour recevoir la dessaisine et bailler la saisine ou rapport d'au-
cuns heritaiges vendus . . . .   IIII[s.]

Aus dits eschevins pour recepvoir le con-
tract, estant à deux, a chascun II[s.], est. . .   IIII[s.]

Au procureur pour soy dessaisir en vertu
de procuration . . . .   IIII[s.]

Au dit s[r] lieutenant pour son seel . . . .   v[s.]

Aus dits eschevins, aussy [2] . . . .   v[s.]

Procureur du Roi :
Journée passée à la distribution   5   17
Echevins :
Par journée passée à colloquer les créanciers dans
la distribution des deniers.   10   35
Greffier :
Expédition du décret ou sentence d'expropriation   .   61   85
Lettres de mise en demeure   5   17
  id.   de distribution.   5   17
Par journée d'assistance à la distribution   5   17

[1] La *saisine* est l'investiture donnée par le seigneur d'un héritage dont on a fait l'acquisition. La *dessaisine* est l'opération
inverse. Par une fiction du droit féodal le vendeur ou le dona-
teur d'un immeuble relevant du seigneur de Béthune devait
s'en dessaisir entre les mains du lieutenant du gouverneur
qui représentait le seigneur. Celui-ci à son tour *saisissait,* c'est-
à-dire investissait le nouvel acquéreur, ce qui donnait lieu à
paiement de divers profits. Les héritages situés dans le *pou-
voir* de la ville devait être *werpis* en pleine halle, pardevant les
échevins.

[2] Une sentence arbitrale de 1121 avait décidé que le bailli
(ou son lieutenant) et les échevins scelleraient ensemble les
dessaisines et les saisines tenues du seigneur et les sentences
y relatives (d'Héricourt, *Hist. de Béthune,* Dict. hist. et arch.
Béthune, t. I, p. 106).

Aud. greffier pour les dites lettres [1] . . . v [s.]

Aud. greffier pour le registrer et faire la minute . . . . III [s.][2]

Sallaires des Contracts passés pardevant eschevins [3].

Aus dits eschevins pour recepvoir les contracts, obligations, attestations et certiffications, estans en halle, a chascun XII [d.] est II [s.]

Au dit greffier pour la minute . . . . . . XII [d.]

A luy pour le gros des dites procurations v [s.]

Aus dits eschevins pour le scel en cas qu'ils ne soient bourgeois, parce que bourgeois ne doivent aucune chose. . . . . v. [s.]

Aud. greffier pour les lettres d'attestation, certiffication et aultres semblables . . II [s.] VI [d.]

Pour la minutte. . . . . XII [d.]

Aus dits eschevins pour le scel es dites

[1] Le contrat de vente.

[2] Soit :

Au lieutenant :

Pour réception de la dessaisine et ensaisinement. . 4 14

Pour apposition de son sceau 5 17

Aux échevins :

Pour le contrat d'aliénation 4 14

Pour apposition de leur sceau 5 17

Au greffier :

Expédition des lettres de dessaisine. 5 17

    —   — de saisine 5 17

Enregistrement et minute 3 10

[3] C'est devant les échevins que se passaient les actes de juridiction gracieuse, tels que contrats à titre gratuit et onéreux, procurations, actes d'entravestissements, cessions de droits, ventes de meubles, d'immeubles et de rentes, ouvertures de successions, inventaires, actes d'acceptation et de répudiation, testaments, fidéicommis, substitutions, *etc.* (V. *Invent. des Arch. municipales de Béthune,* FF. 7, 9 et 10.)

lettres [1] . . . .   II ˢ· VI

Sallaires es parties formees.

Pour chascune partie formee, en cas qu'ils
ne soient bourgeois, xix sols [2] ; à savoir :
Au dit sʳ lieutenant . . . .   V ˢ·
Aus dits eschevins en commun . . . . .   VI ˢ·
Au dit procureur du Roy. . . . .   IIII ˢ·
Au dit greffier pour le registre . . . . .   IIII ˢ·
Et estans bourgeois nest deu que au dit
greffier que . . . .   XII ᵈ·

Sallaires des Curatelles.

Pour l'acte de curatelle est deu xiiii sols [3],
assavoir :
Aus dits eschevins. . . . .   VI ˢ·
Au dit procureur du Roy . . . .   IIII ˢ·
Au dit greffier pour le registre. . . . . .   IIII ˢ·
Pour les lettres, au dit greffier. . . . . .   V ˢ·
Aus dits eschevins pour le scel . . . . .   V ˢ·

Pour l'intérinement des lettres pareillement.

Au procureur du roy pour accorder l'intérinement des lettres en forme d'auctori-

---

[1] Valeur relative :
Aux échevins :
A chacun 2 sols, soit pour 2 échevins. 4 07
Apposition du sceau, sauf pour les bourgeois . . .   5 17
Scel des certificats et attestations. 2 66
Au greffier :
Minute des contrats 1 10
Grosse d'une procuration 5 17
Grosse des certificats et attestations 2 66
Minute. 0 55
[2] 19 fr. 66.
[3] 14 fr. 50.

<table>
<tr><td>sation [1] . . . .</td><td>v^{s.}</td></tr>
</table>

Aus dits eschevins présens a la dite présentation en commun . . . .   x^{s.}

   Aud. greffier pour registrer les accords .   v^{s.}

   Pour le gros des dites lettres audit greffier   v^{s.}

   Au dit s' lieutenant pour le scel . . . . .   v^{s.}

   Aus dits eschevins pour apposer le scel
de la dite ville. . . . .   v^{s.}

Sallaires du contract d'entravestissement [2].

Aus dits eschevins pour recepvoir en
halle ledit contract, estans en nombre de
sept. . . . .   x^{s.}

   Aud. greffier pour le registre des minutte   iiii^{s.}

   A luy pour les lettres . . . .   v^{s.}

   Aus dits eschevins pour le scel . . . . .   v^{s.}

Pour le droict du cepier [3].

Pour la garde d'un prisonnier, par jour .   vi^{d.}

Pour luy fournir paille, bierre, pain et

---

[1] Il s'agit de l'acte par lequel le curateur donne son autori-
sation à l'incapable.

[2] C'est l'acte par lequel deux époux *s'entrevêtissent,* c'est-à-
dire s'instituent mutuellement pour le cas où ils n'auraient pas
d'enfants à leur décés. C'est une donation contractuelle. Eu
égard à l'importance de l'acte, il fallait sept échevins pour le
recevoir, tandis que deux étaient suffisants pour les contrats
ordinaires. Ils avaient droit à des honoraires de 10 fr. 35, plus
5 fr. 15 pour le scel. Le greffier touchait 5 fr. 17 pour la minute de l'acte et 4 fr. 12 pour son enregistrement.

[3] Le *cépier* était le gardien de la prison de la ville. C'est lui
qui nourrissait les prisonniers à forfait, au tarif ci-dessus. Il
touchait par jour : 0 fr. 54 pour droit de garde et 2 fr. 60 pour
la nourriture, plus 5 fr. 17 de droit d'écrou. On sait que c'est
la chartre d'Eudes de Bourgogne et de Jeanne de France du
27 octobre 1346 qui accorda une prison spéciale aux bourgeois
de Béthune. Cette prison fut établie d'abord sous le beffroi, en

potaige, par jour . . . . II^s. VI^d.

Et pour le droict d'entrée et issue par per-
mission . . . . V^s.

Sallaire et taxe des despens.

Aus dits eschevins et greffier pour chacun
rolle de despens. . . . . XII^d.
dont le dit greffier a le tierch et les dits eschevins les deux aultres.

Pour les lettres de taxe . . . . V^s.

Pour le scel au dit s^r lieutenant . . . . . V^s.

Aus dits eschevins aussy . . . . V^s.

Au dit greffier pour le grand .... aus dits
eschevins et de chascun rolle excédant . . XII^d.

Sallaires pour desceller es biens d'un deffunct [1].

A mons^r le lieutenant pour mectre sous-
ceau aux biens delaissez par ung deffunct . V^s.

Au procureur du roy pour estre present. V^s.

Aux échevins . . . . X^s.

Au greffier . . . . V^s.

Audit s^r lieutenant pour les desseeller . . V^s. [2]

suite rue du Carnier, puis dans la rue des Treilles, à l'entrée
du marché au poisson.

Avant l'octroi du privilège qui précède, les prévenus et les
condamnés étaient enfermés à la prison du château. Les profits
qui en résultaient, au droit de ceppage, appartenaient au seigneur. Ils étaient affermés pour la somme annuelle de XXVIII^l.,
payable en trois termes. (Bib. Nat. Mss. *Comptes de la baillie de
Béthune,* année 1318, f^io 3.)

[1] L'apposition des scellés après décès était faite par le lieutenant du gouverneur en présence de plusieurs échevins et du
procureur du Roi; leur levée était faite par le même lieutenant.

[2] Archives municipales de Béthune, *Registre AA. 5,* premiers
feuillets.

Nous donnons, comme appendice, le tarif des honoraires
alloués aux officiers de la *gouvernance.* Ce tribunal, à la fois de

1re instance et d'appel (c'est à lui que ressortissaient en appel les sentences des échevins), avait son siège sur la Grand'Place de Béthune, au n° 13. Le tarif ci-dessous est de 1579. A cette époque le sou valait environ 0 fr. 16 en valeur intrinsèque et 0 fr. 64 en valeur relative.

SALAIRE DES OFFICIERS DE LA GOUVERNANCE DE BÉTHUNE

Résolutions sur le faict des journées demandées par les officiers de la Gouvernance de Béthune.

Au lieutenant, quant il va hors de sa résidence,
es limites de la gouvernance. . . . . XXIII^{s.}
   —   et hors des limites . . . . XXXII^{s.}
Aux procureur, conseiller et receveur, par jour. XVI^{s.}
Hommes de fief, par jour :
     dans les limites . . . . XVI^{s.}
     en dehors. . . . . XXIII^{s.}
Au substitut du procureur . . . . XII^{s.}
     hors des termes . . . XVI^{s.}
Aux sergents. . . . . XII^{s.}
   hors des termes . . . . XVI^{s.}
Les eschevins. . . . . XII^{s.}
Le greffier. . . . . XII^{s.}
   hors des termes . . . . XVI^{s.}
Au messager à pied. . . . . par jour . VIII^{s.}
   id.   à cheval . . . . XII^{s.}
   id.   hors des limites . . . . . XVI^{s.}
Prinses en la ville et dont s'ensuivra punition criminelle . . . . X^{s.}
  —   et hors la ville . . . . XVI^{s.}

Ainsi ordonné et résolu au grand bureau de la chambre des comptes à Lille le 4 Février xv^c soixante dix neuf.

DE MORIAME.

(Archives nat^{les} P. 2050.)

Saint-Omer, Imp. H. D'HOMONT.